AF562307

ANATOMIE

DES PEINTRES,

PAR P. N. GERDY;

PROFESSEUR D'ANATOMIE, DE PHYSIOLOGIE ET DE CHIRURGIE, AGRÉGÉ A LA FACULTÉ DE MÉDECINE DE PARIS, CHIRURGIEN EN SECOND DE L'HÔPITAL DE LA PITIÉ, MEMBRE DE PLUSIEURS SOCIÉTÉS SAVANTES.

ATLAS.

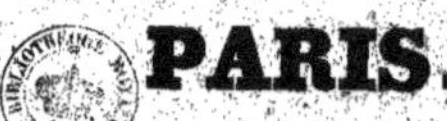

PARIS,

CHEZ BÉCHET JEUNE, LIBRAIRE,

PLACE DE L'ÉCOLE DE MÉDECINE, N° 4;

BRUXELLES,

AU DÉPOT DE LIBRAIRIE MÉDICALE FRANÇAISE.

1829.

ANATOMIE

DES PEINTRES,

PAR P. N. GERDY,

PROFESSEUR D'ANATOMIE, DE PHYSIOLOGIE ET DE CHIRURGIE, AGRÉGÉ À LA FACULTÉ DE MÉDECINE DE PARIS,
CHIRURGIEN EN SECOND DE L'HÔPITAL DE LA PITIÉ, MEMBRE DE PLUSIEURS SOCIÉTÉS SAVANTES.

ATLAS.

PARIS,

CHEZ BECHET JEUNE, LIBRAIRE,
PLACE DE L'ÉCOLE DE MÉDECINE, N° 4;

BRUXELLES,

AU DÉPOT DE LIBRAIRIE MÉDICALE FRANÇAISE.

1829.

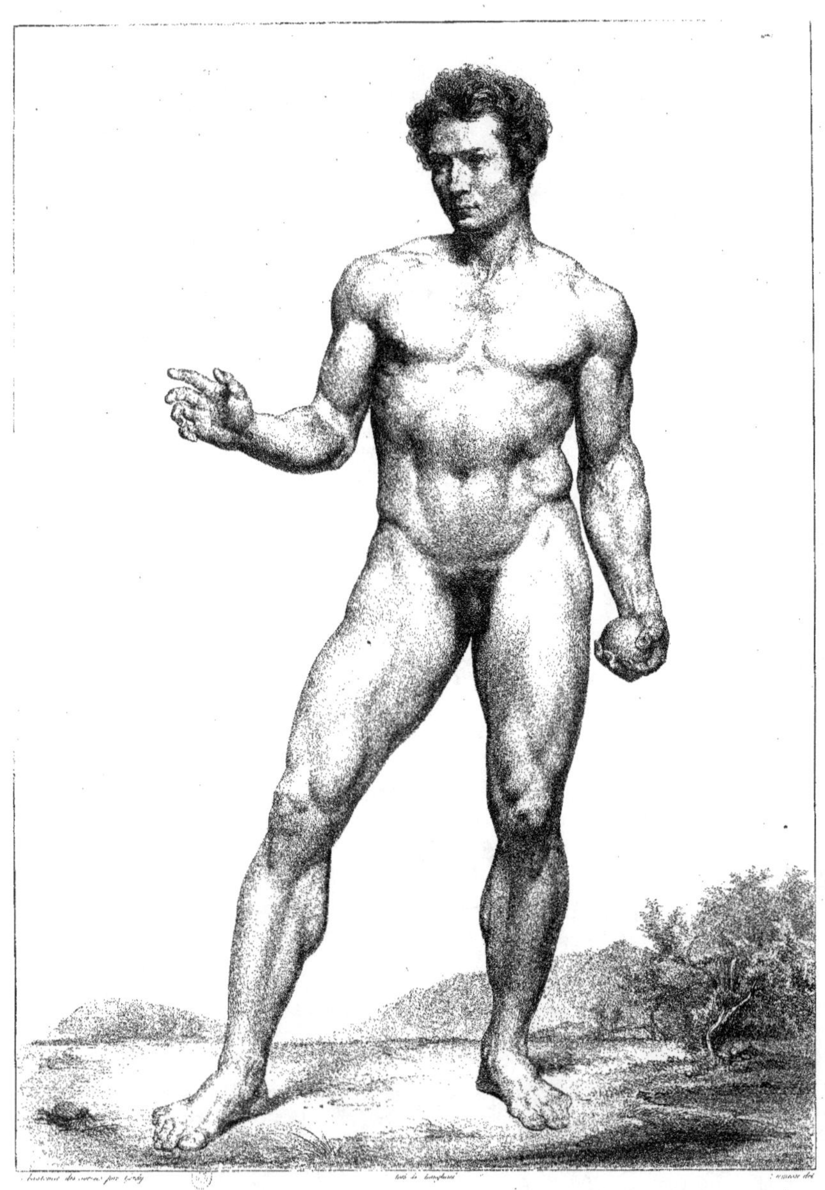

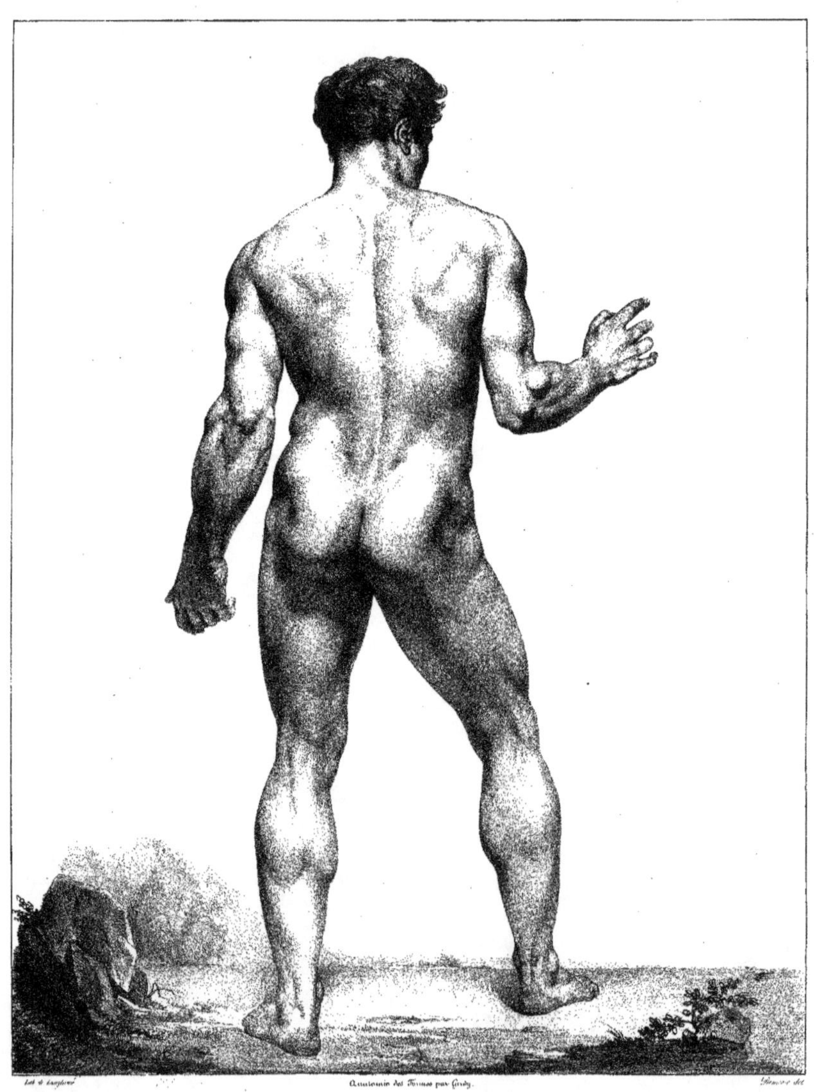

Lith. de Langlumé — Anatomie des Formes par Gerdy. — Roux del.

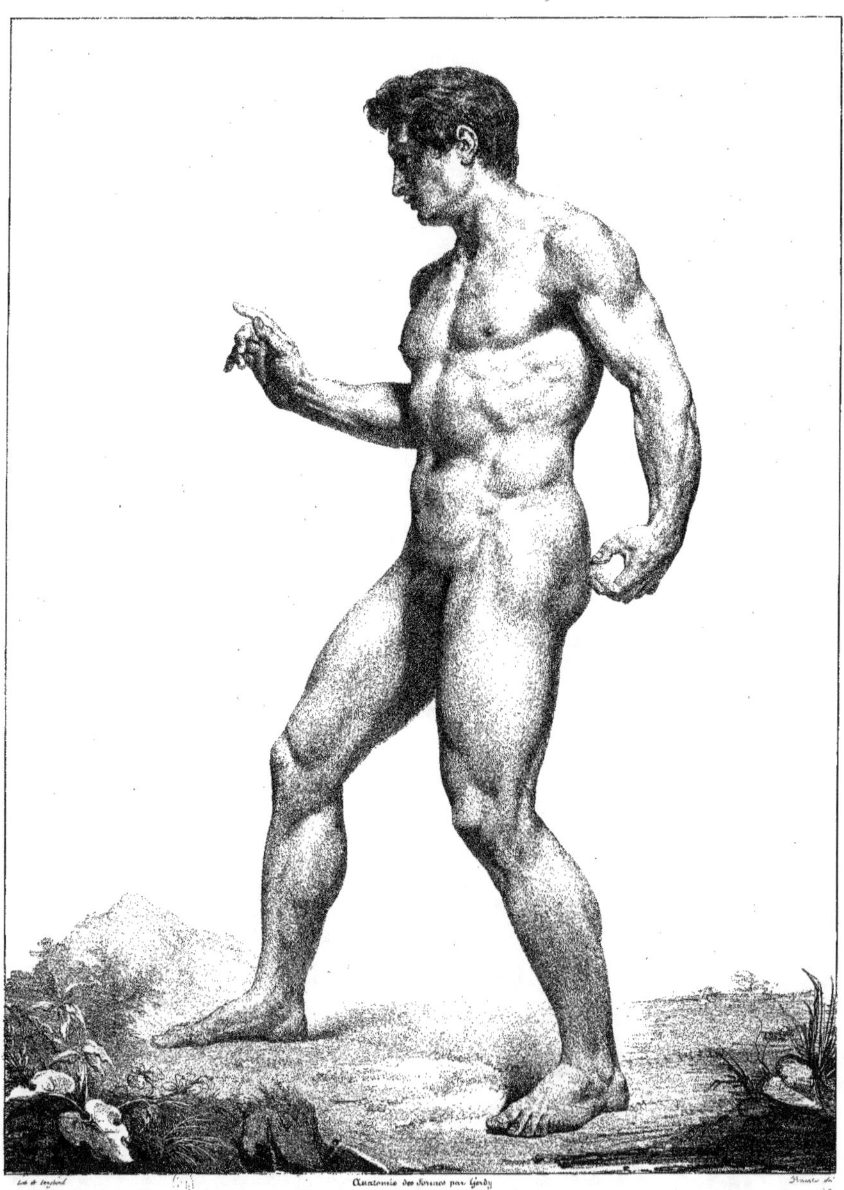

Anatomie des formes par Gerdy

www.ingramcontent.com/pod-product-compliance
Lightning Source LLC
LaVergne TN
LVHW010313230826
846091LV00007B/3127

* 9 7 8 2 0 1 9 4 8 1 2 9 2 *